AF569520
Dieses Buch gehört

Nadine Strauß

Ludwig II.

Ein König wie aus dem Märchen

Morstadt

Bibliografische Information der Deutschen Nationalbibliothek
Die Deutsche Nationalbibliothek verzeichnet diese Publikation in der Deutschen Nationalbibliografie; detaillierte bibliografische Daten sind im Internet über http://dnb.dnb.de abrufbar.

Verlagsprogramm und weitere Informationen unter
www.morstadt-verlag.de

2. Auflage 2018
Illustrationen: Yannick Lefrançois, Barr/Elsass
Buchgestaltung, Umschlaggestaltung und Mettage: Tjalf Boris Prößdorf, München
Druck und Bindung: Westermann Druck Zwickau GmbH
ISBN 978-3-88571-366-1

Inhalt

Kennst du König Ludwig?

Dieses Buch handelt von König Ludwig – König Ludwig II.[♔] von Bayern. Vielleicht hast du mit deinen Eltern schon mal eines seiner Schlösser besucht. Ich will dir seine Geschichte erzählen.

Von einem einsamen König werde ich dir berichten, von einem König, der viel lieber Architekt oder Künstler geworden wäre, dem das Regieren zuwider war, der lieber auf den Baustellen seiner Schlösser nach dem Rechten sah.

Von einem Mann wirst du hier lesen können, der zu Lebzeiten nicht viele Freunde hatte. Heute, mehr als einhundertdreißig Jahre nach seinem Tod, wird König Ludwig II.[♔♔] von vielen Menschen verehrt und seine Schlösser sind nicht mehr aus Bayern wegzudenken.

Dieses Buch ist aber nicht nur zum Lesen da. Es gibt ein paar Dinge, bei denen du selber mitmachen kannst. Die Zeichnungen in diesem Buch sind Suchbilder. In jedem Bild ist eine

[♔] sprich: dem Zweiten [♔♔] sprich: der Zweite

Pfauenfeder versteckt. Der Pfau war eines der Lieblingstiere des Königs, weil er so farbenprächtig und anmutig ist. Darüber hinaus findest du ein Spiel. Es führt dich durch den Schlosspark von Linderhof. Außerdem erkläre ich dir, was eine Ahnentafel ist, und lasse dich deine eigene Ahnentafel ausfüllen. Schließlich gibt es noch ein Kreuzworträtsel. Wenn du das Buch aufmerksam liest, kannst du es mühelos lösen.

Ich wünsche dir viel Spaß!

Nadine Strauß

Der Prinz, der eigentlich Otto hieß

Am 25. August 1845, eine halbe Stunde nach Mitternacht, wurde im Schloss Nymphenburg bei München ein kleiner Prinz geboren. Seine Eltern waren der Kronprinz Maximilian von Bayern und dessen Gemahlin Marie. Kronprinz war immer der älteste Sohn eines Königs. Damals war Bayern ein eigenes Land, mit eigenen Gesetzen und einem König. Heute gibt es keinen König mehr in Bayern. Bayern gehört heute zur Bundesrepublik Deutschland.

Als der Prinz geboren wurde, war also sein Großvater König von Bayern. Er hieß Ludwig und auch er hatte am 25. August Geburtstag.

Einen Tag nach seiner Geburt wurde der Prinz getauft, und zwar auf den Namen Otto Friedrich Wilhelm Ludwig. Es war üblich, dass Kinder aus Königsfamilien so viele Vornamen bekamen. Als Rufname gebraucht wurde aber immer nur der erste Name, und das war Otto. Als die Taufe bereits vollzogen war, wünschte sich sein Großvater Ludwig allerdings, dass der Junge nach ihm benannt würde. Und so geschah es dann auch: Otto wurde fortan Ludwig gerufen.

Der kleine Ludwig wuchs in zwei wunderschönen Schlössern auf. Das eine war Schloss Nymphenburg, wo er geboren worden war. Dieses war ein großes, weißes Gebäude, das damals noch außerhalb der Stadt München lag. Heute befindet es sich innerhalb der Stadt, weil München so groß geworden und drum herum gewachsen ist. München war und ist die Hauptstadt von Bayern.

Das andere Schloss hieß Hohenschwangau und lag in den Allgäuer Bergen, rings umgeben von schönster Natur.

Als Ludwig drei Jahre alt war, übergab sein Großvater die Regierung an den Kronprinzen. Ludwigs Vater wurde also König. Kurze Zeit später brachte Ludwigs Mutter ein weiteres Kind zur Welt. Ludwig bekam einen Bruder. Dieser wurde auf den Namen Otto Wilhelm Luitpold getauft und somit Otto gerufen. Nun hatten König Maximilian und Königin Marie also zwei Söhne, die beide eigentlich denselben Rufnamen trugen.

Die meiste Zeit ihrer Kindheit verbrachten Ludwig und Otto in der Obhut von Erziehern. Sie gingen nicht in einen Kindergarten, sondern waren den ganzen Tag zu Hause. Am liebsten mochte Ludwig seine Erzieherin Sybille. Die beiden verstanden sich sehr gut. Auch Jahre später, als Ludwig schon König war, blieben sie immer in Kontakt. Sie schrieben sich regelmäßig Briefe.

König Maximilian selbst hatte nicht viel Zeit für seine Söhne. Er war selten zu Hause. Er musste zum Regieren, also um seine Arbeit zu erledigen, in die Münchner Residenz. Das war der Stadtpalast des Königs. Dort traf er seine Berater, dort hielt er Besprechungen mit seinen Ministern, von dort aus wurde das Land Bayern regiert.

Außerdem war Maximilian nicht gesund. Er verbrachte deshalb viel Zeit im Süden von Europa. Dort war es wärmer als in München und das tat ihm sehr gut.

Der König war ein sehr strenger Vater. Er besuchte seine Söhne fast nie in ihren Zimmern. Sie sahen ihn meistens nur einmal am Tag, beim Essen. Sie mussten ihrem Vater sogar die Hand geben, wenn sie sich danach von ihm verabschiedeten. Manchmal hatten sie ein bisschen Angst vor ihm.

Auch Königin Marie hatte nicht viel Zeit für die Kinder, aber ab und zu spielte sie mit ihnen. Ludwig spielte mit seiner Mutter am liebsten im Schlosspark von Nymphenburg Fangen. Wenn die Familie in Schloss Hohenschwangau war, durfte Ludwig mit Königin Marie zum Wandern. Das gefiel ihm sehr gut, und er konnte gar nicht genug davon bekommen, in den Bergen zu sein. Dort fühlte er sich wohl.

Manchmal kamen auch Cousins und Cousinen von Ludwig zu Besuch ins Schloss. Die Familie war sehr groß, und so fand sich eigentlich immer jemand zum Spielen. Ludwig wusste schon als kleines Kind, dass er einmal König von Bayern werden sollte. Wenn es Streit gab zwischen seinen Spielkameraden und ihm, dann wurde Ludwig manchmal sehr wütend und bestand auf sein Recht. Denn er war ja schließlich der Kronprinz.

Ludwig konnte sich aber auch sehr gut alleine beschäftigen. Er liebte Märchen und dachte sich meistens selbst welche aus. Er konnte stundenlang im Schlosspark auf einer Bank sitzen und träumen.

Ludwig wurde sehr zum Sparen erzogen. Er bekam wenig Taschengeld. Selbstverständlich hätten es sich seine Eltern leisten können, ihm viel mehr Geld zu geben, aber er sollte lernen, mit wenig zurechtzukommen. Schließlich musste Ludwig später einmal mit dem Geld des ganzen Landes umgehen, und das bedeutete eine große Verantwortung. Ludwig musste stets aufschreiben, für was er wie viel Geld ausgegeben hatte. Darunter waren oft Dinge, die gar nicht für ihn selbst bestimmt waren. Er kaufte gerne Geschenke für andere, wie zum Beispiel seinen Bruder Otto oder seine Mutter.

Ludwig musste sehr früh anfangen, etwas zu lernen. Schon mit vier Jahren bekam er Schulunterricht. Er ging aber nicht in eine öffentliche Grundschule, sondern die Lehrer kamen zu ihm ins Schloss. Er musste natürlich erst einmal Lesen, Schreiben und Rechnen lernen. Bald kamen dann Geschichte, Geografie, Latein und Griechisch dazu.

Ludwig lernte aber auch Zeichnen, Tanzen, Reiten und Klavierspielen. Außerdem musste er wissen, wie er sich als Kronprinz zu benehmen hatte. Zum Beispiel durfte sich Ludwig bei Tisch nicht einfach einen Platz aussuchen, dafür gab es eine Sitzordnung. Was er zu welcher Gelegenheit anziehen durfte, bestimmte eine Kleiderordnung. Für alles gab es eine Vorschrift. Das nannte man Etikette.

Später besuchte Ludwig in München das Gymnasium und danach die Universität. Dort lernte er dann viele Dinge, die er eines Tages als König wissen musste. Er ahnte noch nicht, dass er dieses Wissen viel früher brauchen würde, als ihm lieb war.

Plötzlich König

Am 10. März 1864 verstarb überraschend Ludwigs Vater. Niemand hatte damit gerechnet, dass Ludwig schon so jung, mit erst achtzehn Jahren, König werden würde. Am allerwenigsten Ludwig selbst. Er fühlte sich noch nicht reif genug, und sein Studium war noch längst nicht abgeschlossen. Er hätte gerne noch viel mehr gelernt. Nun war das vorbei. Noch am selben Tag wurde aus dem Kronprinzen Ludwig König Ludwig II.[♔] von Bayern.

Ludwig wusste gar nicht so recht, wie ihm geschah. Bisher war er von den Dienern und allen anderen Personen immer mit „Königliche Hoheit“ angesprochen worden. Als ihn kurz nach dem Tod seines Vaters der erste Diener mit „Majestät“ ansprach, erschrak er sehr. Es war zu ungewohnt für ihn. Aber er war jetzt „Seine Majestät, der König“, zu dem alle aufschauten, auf den das Land vertraute und der von nun an alle wichtigen Entscheidungen für Bayern treffen musste.

Ludwig hatte bis dahin noch nicht viel Einblick in die Regierungsgeschäfte gehabt. Er hatte sich meistens in Nymphenburg oder Hohenschwangau aufgehalten, und nicht bei seinem Vater in der

[♔] sprich: der Zweite

Residenz. Ludwig war mit den Aufgaben des Königs deshalb gar nicht in Berührung gekommen. Nun musste er sich in seinem neuen Leben zurechtfinden, und zwar schnell.

Immerhin hatte er die erfahrenen Berater seines Vaters zur Seite. Die konnten ihm helfen und ihm viele Vorgänge erklären. Die Berater ihrerseits glaubten anfangs noch, der neue König hätte keine eigene Meinung und keine eigenen Ideen. Doch sie hatten sich getäuscht. Ludwig konnte von Anfang an bei allem mitreden und selbst entscheiden.

Die Bevölkerung Bayerns liebte den neuen König. Gleich am Tag nach dem Tod seines Vaters fuhr Ludwig in einer goldenen Prunkkutsche durch München und zeigte sich seinem Volk. Es jubelte ihm zu. Die Menschen verehrten ihn und trauten ihm zu, dass er das Land regieren konnte, obwohl er noch so jung war.

Das Volk wusste von Ludwig bis dahin nur wenige Dinge. Zum Beispiel hatte er als Kronprinz, als er in den Bergen unterwegs gewesen war, einige Male Bergsteigern das Leben gerettet. Ein anderes Mal hatte er einem Kranken, der zu arm war, um sich einen Arzt leisten zu können, seinen eigenen Leibarzt geschickt. Das Volk hatte also einen guten Eindruck von seinem neuen König.

Und gut sah er aus, der neue König. Sehr gut. Mit einem Meter dreiundneunzig war Ludwig für damalige Verhältnisse sehr, sehr groß, und er war schlank. Seine schwarzen Haare, seine blauen Augen, seine aufrechte Körperhaltung und sein geschmeidiger Gang machten aus ihm einen Mann, für den man schwärmen konnte. Dazu kamen seine schmucken Uniformen: leuchtende Farben mit vielen funkelnden Orden an der Brust – das gefiel den Leuten. Selbst während der Oper, wenn er der Aufführung von der Königsloge aus zusah, zog er alle Aufmerksamkeit auf sich. Die Operngläser der Zuschauer waren häufiger auf Ludwig gerichtet als auf die Bühne.

Der König genoss es sehr, dass man ihn so verehrte. Er war der neue Superstar in München!

Ein besonderer Freund

Ludwig schwärmte für einen bestimmten Komponisten. Dessen Name war Richard Wagner. Man könnte sagen, Ludwig war sein Fan.

Schon mit zwölf Jahren las Ludwig Bücher und Schriften, die Richard Wagner über Kunst und Musik verfasst hatte. Verstehen konnte er sie noch nicht so richtig, aber er war ganz und gar fasziniert davon. Manche Texte lernte er sogar auswendig. Als er fünfzehn Jahre alt war, durfte er dann zum ersten Mal in die Oper und eine Aufführung von Wagner sehen. Ludwig war sehr beeindruckt.

Nur zwei Monate nachdem Ludwig König geworden war, reifte in ihm der Wunsch, Richard Wagner persönlich kennenzulernen. Wagner ging es zu dieser Zeit finanziell sehr schlecht. Er hatte zwar einige Opern komponiert, und in manchen Städten wurden sie auch aufgeführt, aber der Erfolg war nicht so groß, wie er ihn sich erhofft hatte. Er hatte deshalb jede Menge Schulden, und die Personen, von denen er sich etwas geliehen hatte, verfolgten ihn. Es waren viele Leute, die ihr Geld von ihm zurückhaben wollten. So war Wagner immer unterwegs zwischen Wien, München und Stuttgart, damit niemand so richtig wusste, wo er sich gerade aufhielt.

Ludwig schickte einen seiner Hofbeamten los, um Richard Wagner zu suchen. Der fand ihn dann schließlich in Stuttgart und überbrachte ihm einen Brief von Ludwig, worin der König ihn bat, zu ihm nach München zu kommen. Wagner konnte sein Glück kaum fassen und machte sich sofort auf den Weg.

Ludwig war so beeindruckt von Wagner, dass er ihm ein großzügiges Angebot machte. Wagner sollte weiter komponieren, und Ludwig würde alles bezahlen, was er zu seinem Leben brauchte. Ein Haus in München, Lebensmittel, Kleidung, einfach alles bekäme Wagner vom König.

Schon bald darauf ließ Ludwig auch ein großes, prachtvolles Theater planen – nur für Richard Wagner. Zwar gab es in München bereits mehrere Theater, aber der König wollte seinem Komponisten ein eigenes bauen. Das Vorhaben konnte jedoch nicht in die Tat umgesetzt werden, denn es war einfach zu teuer – wie übrigens alles, was mit Wagner zu tun hatte.

Die Bayern sahen es mit Unmut, dass der König so viel Geld für diesen Mann ausgab. Er bezahlte das alles nämlich aus der Staatskasse. In die Staatskasse mussten alle Einwohner Bayerns ihre Steuern einzahlen. Das Geld war eigentlich dafür gedacht, Straßen zu bauen

oder Krankenhäuser und Schulen einzurichten oder andere Dinge, die das Volk dringend brauchte, zu bezahlen. Musik gehörte nicht dazu. Aber sie kostete Geld – sehr viel Geld.

Zu allem Übel mischte sich Richard Wagner auch noch in die Politik ein. Er gab dem König Ratschläge, wie er regieren und welche Entscheidungen er treffen sollte. Ludwig beging einen großen Fehler, denn er gab diese Ratschläge an seine Berater weiter. Die waren daraufhin sehr verärgert. Auf sie hörte der König also nicht, dafür aber auf so einen dahergelaufenen Komponisten! Das war zu viel des Guten.

Ludwig war sehr glücklich, Richard Wagner bei sich zu haben. Seine Musik bereitete ihm so viel Freude. Die Menschen im Land aber waren gegen seinen Freund. Was also sollte Ludwig tun? Diese Frage stellten ihm auch seine Berater. Ludwig musste sich nun entscheiden: Bayern oder Wagner. Als König blieb ihm selbstverständlich nur eine Wahl, und so schickte er Richard Wagner schweren Herzens weg aus München.

Richard Wagner zog in die Schweiz, doch der Kontakt zwischen ihm und Ludwig brach nie ab. Genauso wenig wie der Geldfluss. Ludwig bezahlte die Miete für Wagners neue Villa, und dessen Opern wurden weiterhin in München aufgeführt. Das zumindest hatte der König durchsetzen können.

Einmal besuchte Ludwig seinen Freund zu dessen Geburtstag in der Schweiz. Eigentlich hätte der König München zu diesem Zeitpunkt gar nicht verlassen dürfen, denn es standen wichtige Regierungsgeschäfte an. Aber das war Ludwig wohl egal. Bei Nacht und Nebel machte er sich mit nur einer Person Begleitung auf den Weg zum Bahnhof, um ja nicht gesehen zu werden. Niemand sollte ihn an seiner Abreise hindern. Als er wieder zurück war, machten ihm seine Berater schwere Vorwürfe. Das Volk war zornig. Manche Menschen riefen ihm, wenn sie ihm begegneten, sogar Schimpfworte nach.

Einige Jahre später kehrte Richard Wagner wieder nach Bayern zurück. Allerdings nicht nach München, sondern in die Stadt Bayreuth. Dort wollte er ein großes Opernhaus bauen. Festspiele mit seinen Kompositionen sollten dort stattfinden. Es war ihm gelungen, Leute zu finden, die ihm Geld dafür gaben. Aber es reichte noch nicht. Wagner musste seinen alten Freund Ludwig bitten, ihm zu helfen, und natürlich gab der König ihm wieder Geld. Er hätte es nicht mit ansehen können, wenn der große Traum Wagners, der ja auch sein eigener war, am Geld gescheitert wäre.

Die Generalproben im Jahr 1876 in Bayreuth sahen sich König Ludwig und Richard Wagner gemeinsam an. Ludwigs Liebe zu Wagners Musik war immer noch so stark wie früher. Als die Festspiele kurz darauf eröffnet wurden, waren viele wichtige Leute anwesend. Kaiser Wilhelm I.[♔] von Preußen war angereist, genauso wie der brasilianische Kaiser und der württembergische König. Ludwig selbst war bei der feierlichen Eröffnung nicht zugegen. Er scheute die vielen Menschen und sah sich die Aufführung lieber später noch einmal in Ruhe an. Doch selbstverständlich bedankte sich Richard Wagner in seiner Rede bei König Ludwig II.[♔♔] von Bayern, ohne den das alles nicht möglich gewesen wäre und ohne den er ein armer, erfolgloser Komponist geblieben wäre.

Die Wagner-Festspiele gibt es noch heute. Jedes Jahr locken sie viele Menschen nach Bayreuth, denen die Musik Richard Wagners ebenso viel Freude bereitet wie damals König Ludwig.

[♔] sprich: der Erste [♔♔] sprich: dem Zweiten

Einsamer Ludwig

Im Grunde seines Herzens war Ludwig am liebsten allein. Er unterhielt sich nicht gern, weil er glaubte, dass ihn die anderen sowieso nicht verstanden. Er zeigte sich nicht gern in der Öffentlichkeit, weil er es nicht mochte, wenn die Leute ihn ansahen. Seine Schlösser sollte niemand betreten, weil er sie nur für sich bauen ließ. Er ließ deshalb jede Baustelle absperren. Das war schon seltsam: Da schuf er die großartigsten Bauwerke, die ja noch heute von Millionen von Besuchern bewundert werden, er aber wollte nicht, dass jemand sie sah. Stell dir vor, du hast ein schönes Bild gemalt oder etwas Besonderes gebastelt. Was machst du dann damit? Du zeigst es deinen Eltern, deiner Oma und deinen Freunden. Du freust dich darüber, wenn jemand sagt, dass du das prima gemacht hast. Du legst es auf keinen Fall in eine Schublade, sodass niemand es sehen kann. Aber so war Ludwig. Er wollte alle seine Ideen verstecken, vor der ganzen Welt. Nur er allein sollte Freude daran haben.

Das galt nicht nur für seine Schlösser. Der König ging ja sehr gerne in die Oper, um sich die Werke von Richard Wagner anzusehen. Doch wenn man in die Oper geht, ist man dort normalerweise nicht

alleine. Da sind noch viele andere Menschen, die ebenfalls die Vorstellung erleben möchten. Das passte Ludwig überhaupt nicht, denn wenn der König anwesend war, richteten sich alle Blicke nur auf ihn. Er war für die Besucher wichtiger als die Aufführung selbst. Wann hatte man auch sonst die Gelegenheit, den König zu sehen? Das war etwas ganz Besonderes. Aber Ludwig ertrug es eben nicht, und deshalb ließ er sich Privatvorstellungen geben. Das bedeutet, die Schauspieler spielten nur für ihn. Er war der einzige Gast in der Oper, und das fand er sehr angenehm. Er konnte sich ganz auf die Vorstellung konzentrieren, ohne befürchten zu müssen, dass jemand ihn dabei anstarrte.

Mit den Jahren kam noch etwas anderes dazu, das den König immer scheuer werden ließ. Zu Beginn seiner Regierungszeit war Ludwig wunderschön anzusehen gewesen. Doch nach und nach verschwand seine Schönheit. Besonders schlimm stand es um seine Zähne, denn Ludwig liebte Süßigkeiten. Davon wurden seine Zähne schlecht und fielen aus. Der König hatte große Angst vor dem Zahnarzt, und er weigerte sich, ein Gebiss zu tragen. Ludwig vermied es deshalb immer mehr, mit anderen Menschen in Kontakt zu kommen.

Ludwig, die Nacht und die Pferde

Ludwigs Menschenscheu war wohl auch ein Grund dafür, dass er seinen Tagesablauf umkehrte. Er schlief am Tag und lebte nachts. Oft stand er erst um fünf Uhr nachmittags auf. Das machte es für die Menschen, die mit ihm zu tun hatten, sehr schwierig. Ludwig wohnte zudem nicht in München, wo er als König eigentlich hingehört hätte. Seine Beamten, Berater und Minister mussten sich also erst einmal auf den Weg in eines seiner entlegenen Schlösser machen, wenn sie mit ihm sprechen wollten. Begeistert waren sie davon nicht.

Die wenigen Tagesstunden verbrachte Ludwig am liebsten mit Fotografieren. Das war sein neues Hobby. Doch erst wenn es dunkel geworden war, lebte er so richtig auf. Er liebte es, in der Nacht spazieren zu gehen, weil er sich sicher sein konnte, dass ihm um diese Zeit niemand begegnete.

Besonders gerne war der König des Nachts mit seiner Kutsche unterwegs. Diese Kutsche war von überwältigender Pracht. Sie besaß einen kunstvoll geschwungenen Wagenkasten, der mit großen und kleinen geschnitzten Figuren geschmückt war, und alles war über und über mit Gold verziert. Die Pferde, die die Kutsche zogen, waren genauso prächtig geschmückt. Sie trugen kostbares Zaumzeug, prunkvolle Sättel und sogar Straußenfedern. Je nachdem, wonach dem König der Sinn stand, wurden entweder Schimmel, also weiße Pferde, oder Rappen, schwarze Pferde, angespannt. Wenn Ludwig mit Schimmeln ausfuhr, war die ganze Ausstattung der Pferde und der Kutsche blau. Bei Rappen hingegen war alles in Rot gehalten. Auch Ludwig selbst zog sich immer besonders elegant und passend an.

Ludwig mochte das Spiel mit dem Licht sehr gern, und so durfte es bei seinen nächtlichen Ausfahrten natürlich nicht fehlen. Seine Kutsche war deshalb stets hellstrahlend beleuchtet. Wenn es dann doch einmal vorkam – was selten war –, dass jemand den König so durch die Nacht fahren sah, erzählte er den anderen Leuten fasziniert davon. Er berichtete meist, Ludwig sei ihm vorgekommen wie ein König aus dem Märchen.

Im Winter, wenn Schnee lag, benutzte Ludwig einen Schlitten, der genauso wunderschön gestaltet und golden war wie seine Kutsche. Dieser Schlitten wurde im Jahr 1885 mit elektrischem Licht ausgestattet. Eine batteriebetriebene Glühbirne erstrahlte nun in seiner kronenförmigen Laterne. Er war das erste Gefährt mit elektrischer Beleuchtung in ganz Bayern – wenn nicht sogar in der ganzen Welt.

Ludwigs Familie besaß nicht nur die Schlösser Nymphenburg bei München und Hohenschwangau in den Allgäuer Bergen. Ihr gehörten auch andere Häuser, Berghütten und kleinere Schlösser wie das Schloss Berg am Starnberger See.

Der Starnberger See liegt südlich von München, und dort ist es wunderschön. Ludwig hielt sich sehr gerne dort auf. Er liebte eben die Natur. Beim Anblick der Berge, Wiesen, Wälder und des Sees fühlte er sich wohl.

Am anderen Ufer des Starnberger Sees, genau gegenüber, stand und steht noch heute ein weiteres Schloss: Schloss Possenhofen. Das aber gehörte nicht Ludwig, sondern einem anderen Zweig der königlichen Familie. Die königliche Familie war riesig. Ludwig hatte allein zweiundzwanzig Onkel und Tanten.

Natürlich wohnten nicht alle in Nymphenburg oder Hohenschwangau. Hier, in Possenhofen, wohnte sein Großonkel Herzog Max mit seiner Familie. Herzog Max war der Vater von Ludwigs bester Freundin. Sie hieß Elisabeth, wurde aber von allen nur Sisi genannt.

Als Kinder hatten sich Sisi und Ludwig nur selten gesehen. Im Alter von fünfzehn Jahren heiratete Sisi bereits. Sie wurde die Ehefrau des österreichischen Kaisers Franz Joseph und lebte fortan in Wien. Erst zwölf Jahre später trafen sich Sisi und Ludwig in Kissingen wieder. Das war eine berühmte Kurstadt in Bayern. Sisi und Franz Joseph waren gekommen, um Urlaub zu machen, und Ludwig wollte das österreichische Kaiserpaar begrüßen. Er hatte geplant, zwei Tage zu bleiben. Sisi und er verstanden sich aber so gut, dass schließlich vier Wochen daraus wurden.

Die beiden verbrachten sehr viel Zeit miteinander. Überall, wo man sie sah, blieben die Leute fasziniert stehen und bewunderten das schöne Paar: Ludwig, den großgewachsenen und gutaussehenden König, und Sisi, die Kaiserin von Österreich, die als die schönste Frau der damaligen Zeit galt.

Äußere Schönheit war aber nicht das Einzige, was die beiden miteinander verband. Sie besaßen sehr viele Gemeinsamkeiten. Beide waren mit ihrem Leben nicht zufrieden. Ludwig wollte kein König sein, wollte keine Kriege führen und keine politischen Entscheidungen treffen müssen. Sisi ging es genauso. Sie wollte keine Kaiserin sein. Sie mochte ihr Leben unter den strengen höfischen Regeln nicht.

Sie fühlte sich eingesperrt in ihrem riesigen Schloss in Wien. Sie wollte viel lieber auf Reisen gehen und das tun, wozu sie gerade Lust hatte.

Beide liebten die Kunst. Ludwig hörte die Musik von Richard Wagner. Sisi las Bücher von Heinrich Heine, einem deutschen Schriftsteller. Außerdem schrieb Sisi Gedichte. Beide flüchteten häufig in eine Traumwelt, die so gar nicht zur Wirklichkeit passen wollte.

Von ihrem Wiedersehen in Kissingen an blieben die beiden immer in Kontakt. Wenn Sisi bei ihren Eltern in Possenhofen zu Besuch war, kam Ludwig nach Schloss Berg, um sie zu sehen. Dann trafen sie sich auf der Roseninsel. Das ist die einzige Insel im Starnberger See. Sie gehörte Ludwigs Familie. Sein Vater Maximilian hatte dort einen prächtigen Rosengarten anlegen und eine Villa bauen lassen. In dieser Villa gab es einen Schrank, zu dem nur Ludwig und Sisi einen Schlüssel besaßen. Darin hinterlegten sie für den anderen Briefe oder Gedichte, wenn sie einmal alleine auf der Insel waren. Doch oft waren sie gemeinsam dort und genossen die Zeit weit weg von den Regierungsgeschäften und den Zwängen der Etikette.

Sisi reiste sehr viel und war oft ganz lange unterwegs – meistens irgendwo am Meer, zum Beispiel in Griechenland auf der Insel

Korfu. Dann schrieben sie und Ludwig sich Briefe. Sisi schrieb immer an den „Adler in den Bergen“, womit Ludwig in seiner Heimat gemeint war. Ludwig schrieb an die „Möwe“, weil dieser Vogel am Meer zu Hause war. Ludwig und Sisi blieben ihr ganzes Leben lang sehr enge Freunde.

Die enttäuschte Braut

Ludwig hatte sich nicht nur mit Sisi angefreundet, sondern auch mit ihrer zehn Jahre jüngeren Schwester Sophie. Sophie war noch nicht verheiratet und wohnte deshalb noch bei ihren Eltern am Starnberger See. Manchmal besuchte Sophie Ludwig auf Schloss Berg, manchmal fuhr der König auch zu ihr hinüber auf die andere Seite des Sees.

Die beiden verstanden sich sehr gut. Auch Sophie liebte die Musik von Richard Wagner. Das freute den König besonders. Sie konnten sich stundenlang darüber unterhalten, und Sophie spielte für sie beide Wagners Kompositionen.

Damals gab es allerdings noch kein Radio, keinen CD-Player und keinen Computer. Man konnte nicht einfach auf einen Knopf drücken und seine Lieblingsmusik hören, wann und wo man wollte. Dafür musste man entweder in die Oper gehen oder auf einem Instrument die Melodie selbst spielen. So machte es Sophie. Sie konnte sehr gut Klavier spielen und wunderbar singen. Sie spielte dem König oft vor.

Manchmal bekam Ludwig ganz neu komponierte Stücke von Richard Wagner. Damit ging er dann sofort zu Sophie, und sie probierten sie aus. Es war immer spannend, welche neue Melodie dem Komponisten wohl eingefallen war. Die beiden hatten eine schöne Zeit miteinander.

Sophie war die jüngste Schwester Sisis und die einzige, die noch zu Hause wohnte. Alle anderen Schwestern waren in ganz Europa verheiratet. Heiraten, das sollte jetzt auch Sophie. Ihre Mutter Ludovika suchte deshalb für sie einen passenden Mann.

In hochadeligen Familien war es damals egal, ob man sich liebte oder wenigstens gut verstand. Wichtig war, dass der Mann ebenfalls aus dem Hochadel, am besten aber aus einer der regierenden Familien stammte. Reich musste er außerdem sein und von hohem Ansehen.

Es gab zwar viele geeignete Männer, die Sophie gerne geheiratet hätten. Aber Sophie wollte keinen von ihnen. Da Ludwig nicht zu den Bewerbern gehörte, verbot ihre Mutter Ludovika ihr daraufhin den Kontakt mit ihm. Sie glaubte, die Freundschaft zu Ludwig würde weitere Männer abschrecken. Sophie sollte sich nicht mit jemandem treffen, der nicht ihr Ehemann werden wollte.

Als der König das erfuhr, war er empört. Er sollte seine Sophie nicht mehr sehen dürfen? Das kam ja gar nicht in Frage! Er musste etwas dagegen unternehmen, und da gab es nur eine Möglichkeit: Ludwig musste Sophie heiraten!

Das war eine aufregende Neuigkeit: Sophie sollte Königin von Bayern werden! Dagegen hatte ihre Mutter natürlich nichts einzuwenden. Alle waren zufrieden. Und auch Ludwigs Familie war sehr erfreut. Schließlich war es höchste Zeit, dass auch der König heiratete und Kinder bekam. Irgendwann musste ja auch ihm ein Kronprinz auf den Thron folgen.

Die Verlobung wurde also bekannt gegeben und es gab ein großes Fest. Die Bevölkerung freute sich sehr für ihren König. Es wurden Fotografien vom künftigen Königspaar gemacht und im ganzen Land verteilt. In allen Zeitungen war von der hübschen Braut des Königs zu lesen. Sogar Erinnerungsmedaillen wurden anlässlich der Hochzeit geprägt. Es war alles für den großen Tag vorbereitet – doch der kam nicht.

Ludwig verschob die Hochzeit zweimal. So sehr er Sophie auch mochte, er konnte es sich einfach nicht vorstellen, sein ganzes Leben mit jemandem teilen zu müssen. Er war doch viel lieber allein. Es lag nicht an Sophie, sie war ihm noch die liebste Frau von allen, aber er wollte eigentlich überhaupt keine. All die Vorbereitungen und Mühen sollten deshalb umsonst gewesen sein: Der König löste seine Verlobung mit Sophie und die Hochzeit wurde abgesagt.

Da hatte Ludwig vielleicht etwas angerichtet! Auf einmal waren alle Menschen böse auf ihn: sein Volk, seine Familie und am allermeisten natürlich Sophie. Sie war sehr, sehr traurig. Was hatte sie nur falsch gemacht? Es war eine schwere Zeit für Sophie.

Als Sisi erfuhr, was zuhause passiert war, reiste sie sofort an den Starnberger See, um Sophie zu trösten und um mit Ludwig ein ernstes Wort zu reden. Sophie aber war untröstlich, und Ludwig wollte erst gar nicht mit Sisi sprechen. Er wusste genau, was sie ihm zu sagen hatte. Als es dann endlich zu einem Gespräch kam, konnte und wollte sich Ludwig nicht zu seinem Verhalten äußern. Dennoch verstand Sisi, was in ihm vorging. Sie kannte ihn besser als jeder andere Mensch auf der Welt. Sie selbst war ja auch immer am liebsten allein und wollte ihre Ruhe haben. Aber sie fand, Ludwig hätte sich das überlegen müssen, bevor er sich mit Sophie verlobte. Stattdessen hatte er alle enttäuscht und verärgert. Es dauerte eine ganze Weile, bis nach dieser Sache wieder Ruhe einkehrte.

Sophies Mutter Ludovika hatte nun nur noch eine Sorge: Ihre Tochter brauchte schnell einen anderen Bräutigam! Sie sah sich weiter um und fand einen französischen Herzog, der Sophie heiraten wollte. Nur ein Jahr später war es dann so weit. Sophie wurde die Gemahlin von Ferdinand von Alençon.

Ludwig fiel ein Stein vom Herzen. Nun war er von der Last des gebrochenen Heiratsversprechens befreit, denn er wusste, dass Sophie nun wieder ein glückliches Leben führen konnte. Er freute sich für sie, denn er mochte sie ja noch immer.

Der König muss Krieg führen

Zu den Aufgaben eines Königs gehörte es auch, Krieg zu führen. Dazu kam es meist dann, wenn ein Land plötzlich mehr Macht und Einfluss für sich beanspruchte und dafür die Rechte oder Grenzen eines Nachbarn angriff. Dabei konnte es passieren, dass auch andere Länder sich an dem Krieg beteiligen mussten, weil sie einem befreundeten Land versprochen hatten, ihm im Kriegsfall beizustehen, oder weil sie, falls der Angreifer siegte, auch selbst bedroht waren. Ein Krieg war eine furchtbare Sache. Menschen mussten aufeinander schießen, und viele wurden schwer verletzt oder sogar getötet.

Ludwig hasste den Krieg. Er wollte sein Land und sein Volk am liebsten vor solchem Unglück bewahren. Er soll einmal gesagt haben: „Ich will ein König des Friedens sein." Dennoch musste Ludwig in seinem Leben zweimal Krieg führen. Er hatte keine andere Wahl.

Deutschland bestand zu dieser Zeit noch aus einem losen Zusammenschluss vieler einzelner Länder. Die beiden größten von ihnen, Österreich und Preußen, hatten schon länger miteinander Streit. Es ging darum, wer größer und mächtiger war und deshalb über die anderen bestimmen durfte. Preußen wartete nur auf eine Gelegenheit, Österreich ein für alle Mal aus dem Rennen zu schlagen.

Diese Gelegenheit ergab sich im Jahr 1866. Österreich und Preußen sollten sich gemeinsam um die Verwaltung zweier kleiner Länder im Norden Deutschlands kümmern und schlossen dazu einen Vertrag. Die beiden kleinen Länder hießen Schleswig und Holstein und bilden heute als Schleswig-Holstein ein deutsches Bundesland. Trotz Vertrag dachte Preußen überhaupt nicht daran, sich mit Österreich zu einigen. Auch hätte es Schleswig und Holstein am liebsten gleich zu seinem eigenen Gebiet hinzugefügt, um sich weiter zu vergrößern. Als Österreich deshalb die übrigen deutschen Länder um ihre Hilfe bat, warf Preußen ihm einfach vor, den Vertrag dadurch gebrochen zu haben. Die Gemeinschaft der Länder beschloss, Preußen für sein aggressives Verhalten zu bestrafen. Doch das half gar nichts. Im Gegenteil: Preußen behauptete nun, die anderen Länder hätten ihm damit den Krieg erklärt, und schickte seine Soldaten los.

Nun musste König Ludwig eine schwierige Entscheidung treffen: Sollte Bayern Neutralität bewahren, das heißt, sich nicht an den Kämpfen beteiligen? Vielleicht würde dann aber das große Preußen gewinnen und auch sein geliebtes Bayern angreifen. Oder sollte er den Österreichern helfen, damit es gar nicht erst so weit kam? Nach kurzer Überlegung schickte er seine Soldaten an der Seite Österreichs in den Krieg.

Ludwig selbst zog sich nach Schloss Berg am Starnberger See zurück. Er wollte nichts zu tun haben mit diesem Krieg und keine Entscheidungen mehr treffen müssen. Das nahm ihm sein Volk sehr übel. Andere Könige kümmerten sich um ihre kämpfenden Soldaten und sprachen ihnen Mut zu. Von Ludwig aber war nichts mehr zu hören. Erst als der Krieg vorbei war, besuchte Ludwig die am stärksten betroffenen Gebiete in seinem Land. Das Volk freute sich sehr, dass sich der König endlich für seine Leiden interessierte, und Ludwig wurde überall, wo er hinkam, von einer jubelnden Menge empfangen.

Österreich und Bayern hatten den Krieg allerdings verloren. Es war eine furchtbare Niederlage. Preußen hatte sich als mächtigstes deutsches Land bewiesen und durfte Schleswig und Holstein behalten. König Ludwig musste eine hohe Entschädigung an Preußen bezahlen und sich verpflichten, im nächsten Krieg an dessen Seite zu kämpfen.

Schon vier Jahre später trat dieser Fall ein. Diesmal führten Preußen, Bayern und die anderen Länder im Süden Deutschlands gemeinsam gegen Frankreich Krieg. Angefangen hatte alles eigentlich ganz freundlich, nämlich mit einer Einladung an einen süddeutschen Prinzen, in dem damals herrscherlosen Land Spanien König zu werden. Das jedoch ärgerte die Franzosen. Sie waren der Meinung, dass es schon genug deutsche Könige in Europa gab. Kaiser Napoleon III.[♔] von Frankreich forderte deshalb König Wilhelm I.[♔♔] von Preußen als mächtigsten deutschen Herrscher auf, dem süddeutschen Prinzen die Annahme der Einladung zu verbieten. König Wilhelm wollte keinen neuen Streit und tat, was der französische Kaiser von ihm verlangte.

Napoleon III.[♔♔♔] hätte damit eigentlich zufrieden sein können. Doch er war es nicht. Er wollte König Wilhelm dazu bringen, den Verzicht auf den spanischen Thron für alle Zeiten zu garantieren. Das aber ging Wilhelm zu weit. Er schaltete seinen Ministerpräsidenten Otto von Bismarck ein, um die Öffentlichkeit über seine Haltung zu informieren. Kurz darauf konnte man von der ungeheuren Anmaßung des französischen Kaisers in der Zeitung lesen, und Napoleon war vor aller Welt bloßgestellt. Der sah nun nur noch eine Möglichkeit, um seine verletzte Ehre zu retten: Er erklärte König Wilhelm und Preußen den Krieg.

[♔] sprich: der Dritte [♔♔] sprich: den Ersten [♔♔♔] sprich: der Dritte

Genau darauf hatte der preußische Ministerpräsident insgeheim gehofft. Otto von Bismarck verfolgte nämlich einen besonderen Plan. Er wollte erreichen, dass sich alle deutschen Länder mit Preußen zu einer festen Einheit zusammenschlossen und König Wilhelm I.[♔] als ihren obersten Herrscher anerkannten. Natürlich bedeutete das für die anderen Könige, dass sie ihre Macht als Einzelne weitgehend verlieren würden. Deshalb musste Bismarck sie davon überzeugen, dass sie alle zusammen ja noch viel mehr Macht besaßen, und er glaubte, dass ein gemeinsamer Sieg gegen einen äußeren Feind der richtige Weg dazu war.

Der Krieg war schnell gewonnen, und so lud Preußen die anderen Länder zu Verhandlungen über die Gründung eines gemeinsamen Deutschen Reiches ein.

Auch König Ludwig hätte natürlich daran teilnehmen sollen. Doch der entschuldigte sich, er habe schlimme Zahnschmerzen, und schickte seinen Bruder Otto als seinen Vertreter hin. Immerhin hatte er dem Zusammenschluss zuvor schon zugestimmt. Ihm gefiel zwar nicht, dass die gemeinsamen Angelegenheiten künftig von Wilhelm I.[♔♔] allein bestimmt werden sollten. Aber gegen das starke Preußen kam Ludwig nicht an.

♔ sprich: den Ersten ♔♔ sprich: dem Ersten

Ludwig zog sich mit seinen Zahnschmerzen auf sein Schloss Hohenschwangau zurück und wollte nichts mehr hören von alledem. Doch Otto von Bismarck ließ ihn nicht in Ruhe. Der preußische Ministerpräsident brauchte nämlich Ludwigs Hilfe für die vollständige Umsetzung seines Plans. Als zweitbedeutendster deutscher Landesherr sollte Ludwig dem preußischen König, der gleichzeitig sein Onkel war, die Kaiserkrone antragen, das heißt, ihn auffordern, Herrscher über ganz Deutschland zu werden. Es dauerte eine Weile, den schmerzgeplagten Ludwig dazu zu bewegen, aber schließlich griff er zu Papier und Feder und schrieb Wilhelm I.[♔] einen langen Brief. Dieser Brief ist heute unter dem Namen „Kaiserbrief" bekannt.

Am 18. Januar 1871 wurde Wilhelm I.[♔♔] dann zum Kaiser des Deutschen Reiches gekrönt. Wie die übrigen deutschen Länder war auch Bayern fortan nicht mehr unabhängig. Als Anerkennung für seine Mithilfe durfte König Ludwig aber über manches in seinem Land weiterhin selbst bestimmen. So behielt Bayern seine eigenen Gesetze und seine Steuereinnahmen, und auch die Eisenbahn und die Post blieben bayerisch.

[♔] sprich: dem Ersten [♔♔] sprich: der Erste

Die Traumburg

Schon als kleiner Junge hatte Ludwig oft an einem Fenster von Schloss Hohenschwangau gesessen und zu den Ruinen von Vorder- und Hinterschwangau auf dem Berg gegenüber hinübergeschaut. Sein Vater hatte den Berg mit den Überresten dieser beiden sehr alten Burgen irgendwann einmal gekauft. Ludwig träumte davon, dort eines Tages eine mächtige Burg erbauen zu lassen. Eine Burg, die mit nichts zu vergleichen war. Eine Burg, so wie er sie sich vorstellte, mit vielen Türmen, Höfen, Plätzen und Zimmern.

Die Leidenschaft für das Bauen hatte er von seinem Vater und seinem Großvater geerbt. Ludwig besaß ein Gefühl dafür, wie man ein so grandioses Bauwerk anlegte und ausstattete.

Als Ludwig dann König war, konnte er seinen Traum endlich wahr werden lassen. Er rief seinen Obersthofmeister, den Finanzminister und seine Berater zu sich und erklärte ihnen seinen Plan. Sie alle staunten nicht schlecht über das, was Ludwig sich da ausgedacht hatte.

Zunächst wurden die beiden Ruinen abgerissen und ein Teil des Berges weggesprengt. Auf der so gewonnenen Plattform wurde dann gebaut. Auch eine Straße hatte man angelegt, damit man das Baumaterial hinaufschaffen konnte.

Als der erste kleine Teil seiner Burg fertig war, zog Ludwig dort ein. Er wohnte sozusagen auf der Baustelle, denn er wollte jeden Arbeitsschritt überwachen, damit auch alles so ausgeführt wurde, wie er es wünschte.

Manchmal kamen Leute vorbei, die neugierig waren, wie es dort wohl aussah und ob der König gerade zuhause war. Das gefiel Ludwig gar nicht. Er wollte seine Ruhe. Er baute diese Burg ja für sich. Nur für sich. Niemand sonst sollte sehen, was er dort machte. Selbst die Baustelle sollte niemand betreten, der dazu nicht befugt war. Deshalb ließ der König einen hohen Zaun um das ganze Gelände aufstellen.

So wurde fünfzehn Jahre lang gebaut. Dann standen die Mauern. Das Innere der Räume war aber noch lange nicht fertig. Nun holte Ludwig Handwerker und Künstler auf die Baustelle, die eigentlich am Theater in München arbeiteten, wie Maler zum Beispiel. Sie statteten alle Zimmer mit prachtvollen Wandgemälden aus.

Von einem der Maler war Ludwig ganz besonders beeindruckt. Sein Name war August Spieß. Auch er arbeitete normalerweise am Theater in München und war für einige besondere Arbeiten nach

Neuschwanstein geholt worden. Ihm wollte der König zum Dank eine Freude machen. Eines Abends lud der König den Maler deshalb ein. Gemeinsam unternahmen sie einen Spaziergang rund um Neuschwanstein, dann stiegen sie hinauf zur Marienbrücke. Es war schon dunkel, und der Maler wunderte sich, wo der König denn mit ihm hin wollte. Dann erreichten sie die Brücke, von der aus man die Burg wunderbar sehen konnte. Auf einmal ertönten Waldhörner und die ganze Burg Neuschwanstein erstrahlte im Glanz von tausenden von Lichtern. Der Maler war sprachlos. Es war großartig, und er allein durfte zusammen mit dem König dieses Erlebnis genießen. Ludwig war eben immer für eine Überraschung gut.

Der schönste Raum in Neuschwanstein sollte der Thronsaal werden. Seine Decke wurde himmelblau und mit unzähligen Sternen bemalt. Sein Boden wurde mit einem großen Mosaik ausgelegt. Ein Mosaik ist ein Puzzle aus vielen kleinen Steinen – hier waren es über zwei Millionen. Zusammen ergeben sie dann ein Bild. Das Mosaik im Thronsaal ähnelte einem orientalischen Teppich, mit ornamentverzierten Bordüren und einer Mittelrose, in der Tiere und Pflanzen zu sehen waren. Viele Arbeiter mussten daran sehr lange arbeiten.

Aber das Wichtigste am Thronsaal fehlt bis heute, und zwar der Thron. König Ludwig starb nämlich, bevor seine Burg ganz fertiggestellt werden konnte. Den Thron hatte er zwar schon in Auftrag gegeben – er sollte ganz mit Gold verziert werden. Aber nachdem Ludwig gestorben war, wurde der Thron nicht mehr gebraucht, und die Leute, die sich nach seinem Tod um seinen Besitz kümmern mussten, bestellten den Thron wieder ab.

Auch andere Ideen, die Ludwig noch hatte, konnten nicht mehr ausgeführt werden. Zum Beispiel fehlt noch ein ganz hoher Turm. Aber der größte Teil der Burg konnte fertiggestellt werden, und Ludwig hatte große Freude an seinem Neuschwanstein.

Aus einer Hütte wird ein Schloss

Ludwig hatte von seinem Vater achtzehn Jagdhütten geerbt. Eine davon stand im Graswangtal, nicht sehr weit von Hohenschwangau entfernt. Ludwig wünschte sich eine Vergrößerung dieser Hütte, die er als kleiner Junge manchmal mit seinem Vater besucht hatte.

Zunächst sollte es nur ein Anbau zu beiden Seiten werden. Es wurde geplant und gebaut und wieder geändert. Ludwig ließ immer neue Pläne zeichnen, bis zum Schluss nichts mehr von der alten Jagdhütte übrig und an ihrer Stelle ein richtiges Schloss entstanden war.

Das Schloss erhielt den Namen der ehemaligen Hütte: Linderhof. Es war ein prachtvolles weißes Gebäude. Davor ließ Ludwig einen großen Springbrunnen anlegen. Seine Wasserfontäne reichte zweiundzwanzig Meter hoch.

In seinem Inneren war das Schloss sehr kostbar ausgestattet. Alles glänzte, funkelte und glitzerte. Die Räume waren über und über mit Gold ausgeschmückt. Ludwig hatte die Wände und Möbel in verschiedenen Farben anlegen lassen. Es gab ein blaues, ein gelbes, ein violettes und ein rosa Zimmer.

Am prächtigsten ausgestattet war aber das Schlafzimmer des Königs. Hier erstrahlte alles in Dunkelblau und Gold. Es war fast zu schade, darin die Augen zu schließen, weil es so viel zu sehen gab. Es war wie im Märchen.

Im Speisezimmer des Schlosses verbarg sich eine Besonderheit: eine Konstruktion namens „Tischlein-Deck-Dich“. Ludwig war ja gerne allein. Bei den Mahlzeiten ging das aber nicht so einfach, denn es wurden ja Diener gebraucht, die ihm Getränke und Speisen brachten. Das „Tischlein-Deck-Dich“ machte es dennoch möglich. Wie auf einer Hebebühne konnte der Tisch mit allem, was darauf stand, in die direkt darunterliegende Küche hinabgelassen werden. Dort standen Diener, die die Konstruktion über Kurbeln bewegten. Der Fußboden senkte sich ab, und so kam der Tisch in die Küche und auch wieder hinauf ins Speisezimmer.

Ein ganz besonderer Raum im Schloss war der Spiegelsaal. Ringsherum an seinen Wänden waren große Spiegel angebracht, in denen sich die Möbelstücke, die Kronleuchter und die vielen Goldverzierungen wieder und wieder spiegelten, sodass der Raum unendlich groß erschien.

Einmal nahm König Ludwig eine zahme Ziege mit in den Spiegelsaal. Diese spiegelte sich natürlich auch und dachte, es wären noch viel, viel mehr Ziegen da. Aber sie sah ja nur sich selbst. Die Ziege freute sich sehr und sprang aufgeregt herum, weil sie mit den anderen Ziegen spielen wollte. Sie ließ sich gar nicht mehr beruhigen und machte durch ihr Ungestüm einen der kostbaren Spiegel kaputt.

Um das Schloss herum war ein wunderschöner großer Park angelegt. Darin gab es viele sehenswerte Dinge. Zum Beispiel das Marokkanische Haus und den Maurischen Kiosk. Beide Gebäude waren Ausstellungsstücke auf Weltausstellungen in Paris gewesen. Sie gefielen Ludwig so gut, dass er sie für seinen Schlosspark kaufte.

In Sichtweite des Schlosses stand eine riesige, uralte Linde. Diesen Baum liebte Ludwig sehr – und er mochte Bäume überhaupt sehr gerne. Manche begrüßte oder streichelte er sogar. In der Baumkrone der Linde ließ sich Ludwig ein Baumhaus bauen. Das war so groß, dass er manchmal darin frühstückte oder auch Gäste empfing. Heute kann man im Park von Linderhof nur noch die alte Linde besichtigen. Das Baumhaus ist nicht mehr da.

Doch es gibt noch etwas ganz Besonderes zu sehen: eine künstlich geschaffene Grotte. Eine Oper von Richard Wagner hatte Ludwig auf diese Idee gebracht. Darin wurde nämlich eine Grotte beschrieben. Genau so eine wollte Ludwig in der Wirklichkeit besitzen, deshalb ließ er sie oberhalb des Schlosses nachbauen.

Ludwigs Grotte hatte aber noch ein anderes Vorbild. In Italien, auf der Insel Capri, gibt es eine weltberühmte Grotte, in der das Tageslicht leuchtendblau erscheint. Ludwig schickte extra einen seiner

Hofbeamten dorthin, um diese blaue Farbe genau zu studieren. Seine Grotte in Linderhof sollte nämlich in demselben Blau erstrahlen wie das italienische Original.

In der Mitte der Grotte wurde ein künstlicher See angelegt, auf dem sich Ludwig in einem Kahn, der die Form einer Muschel hatte, herumfahren lassen konnte. Es gab sogar eine Maschine, die künstliche Wellen erzeugte, sodass sich das Boot von alleine bewegte und man nicht rudern musste. Auch ein künstlicher Wasserfall wurde gebaut.

Um Ludwig eine richtige Traumwelt zu erschaffen, waren noch weitere Maschinen nötig. Es gab zum Beispiel eine Regenbogenmaschine, mit der man das Licht in der Grotte nach Ludwigs Wünschen ändern konnte. Sie erzeugte alle Lieblingsfarben des Königs: Rot, Rosa, Grün, Gelb und natürlich das Blau aus Capri. Damit dem König auch die Lufttemperatur in der Grotte angenehm war, mussten ständig sieben Öfen beheizt werden.

All das war mit enormem Aufwand verbunden. Damals kam der Strom nämlich noch nicht aus der Steckdose, und auch das Heizen war nicht so einfach wie heute. Es musste deshalb eigens ein kleines Kraftwerk beim Schloss gebaut werden.

Linderhof war das einzige Schloss, das vor dem Tod des Königs ganz fertiggestellt wurde. So ein Schlossbau war natürlich teuer und verschlang sehr viel Geld. Er eröffnete aber auch neue Verdienstmöglichkeiten für die Bevölkerung. König Ludwig vergab viele Aufträge. Er brauchte ja Architekten, Maurer, Zimmerleute, Tischler, Polsterer, Gärtner und viele andere Handwerker. So bekamen die Leute Arbeit und verdienten Geld. Es wurden auch Straßen gebaut, die dann jedermann benutzen durfte. Dort, wo Ludwig bauen ließ, ging es den Leuten gut.

Die Geschichte vom Wintergarten

Weißt du, was ein Wintergarten ist? Das ist ein Raum, der an ein Haus angebaut wird und fast ganz aus Glas besteht. Auch das Dach ist aus Glas, sodass die Sonne in den Raum hineinscheinen kann und es darin warm wird. Ludwig besaß auch einen Wintergarten. Er hatte ihn als zusätzliches Stockwerk auf einem Teil der Münchner Residenz errichten lassen.

Dieser Wintergarten war riesig. Ein normaler Wintergarten ist so groß wie ein gewöhnliches Zimmer. Da ist Platz für eine Sitzecke mit Tisch, vielleicht noch eine Sonnenliege und ein paar Pflanzen, mehr nicht. In Ludwigs Wintergarten war unvorstellbar viel Platz. Der König hatte darin eine ganze Landschaft anlegen lassen. Alles kam aus fernen Ländern. Riesige Bananenstauden und Palmen waren dort zu sehen, exotische Blumen und Sträucher. Überall waren kleine Wege angelegt, sodass man in dem Wintergarten spazieren gehen konnte.

Ludwig ließ auch Tiere darin unterbringen. In den Bäumen saßen Papageien und Kanarienvögel. Auf einem künstlichen See schwammen Schwäne, und in den Beeten schritten Pfauen einher. Am liebsten hätte der König auch einen kleinen Elefanten gehabt. Doch er musste sich überzeugen lassen, dass ein kleiner Elefant irgendwann groß würde und mehr Platz brauchte. Dann hätte er die kunstvoll angelegten Beete zertrampelt.

In dem Wintergarten gab es auch eine Grotte wie in Schloss Linderhof, mit einem künstlichen Wasserfall. Außerdem hatte Ludwig ein Zelt aufstellen lassen. Das war aber keines, wie wir es kennen. Es besaß keine Plane, die gegen Regen und Wind schützen sollte. Dieses

Zelt bestand aus blauer Seide, sein Boden war mit Rosen bedeckt und in der Mitte lag ein Bärenfell.

An den Rand des Sees, in dem sich ein künstlicher Mond spiegelte und wunderschöne Seerosen blühten, hatte Ludwig eine indische Fischerhütte bauen lassen. Indien ist ein großes Land in Asien. Es grenzt an den Himalaya, das größte und höchste Gebirge der Welt. Ludwig hatte Indien oder den Himalaya zwar niemals selbst bereist, aber diese Landschaft faszinierte ihn sehr. Er ließ sich deshalb für seinen Wintergarten zwei riesige Bilder davon malen. Er wollte, dass es in seinem neuen Traumreich genauso aussah wie dort. Diese beiden Gemälde konnte man austauschen. Wenn sich Ludwig an dem einen sattgesehen hatte, wurde einfach das andere an der Wand angebracht.

Ganz selten empfing der König in seinem Wintergarten auch Gäste. Jeder, der später davon erzählen konnte, sagte, so etwas habe er noch nie gesehen.

Ludwig ließ sich für seine Besucher oft auch etwas Besonderes einfallen. Manchmal spielte eine ganze Militärkapelle oder der Chor der Hofoper sang. Zu besonderen Anlässen brachte ein Opernsänger ein Ständchen. Der fuhr dann singend mit einem Kahn über den künstlichen See. Das muss ein wahres Erlebnis für die Zuhörer gewesen sein.

Heute gibt es den Wintergarten nicht mehr. Kurz nach Ludwigs Tod ließ sein Nachfolger ihn abreißen. Er fand, die Anlage wäre zu teuer. Dabei war es eine Meisterleistung gewesen, diesen Wintergarten überhaupt zu bauen. Seine Konstruktion aus Glas und Stahl war für die damalige Zeit nämlich etwas Besonderes. Man besaß noch nicht die Erfahrung, die man heute damit hat.

Bei einer Kleinigkeit machte sich das auch bemerkbar: Der See war nicht richtig dicht. Unter dem Wintergarten aber hatten die Küchenjungen ihr Zimmer, und genau unter der lecken Stelle stand ein Bett. Da tropfte es hinein. Wenn man darin schlafen wollte, musste man mit aufgespanntem Regenschirm zu Bett gehen.

Ludwig rettet einen Wald

Eines Tages erreichte den König ein Hilfegesuch aus dem Volk. Es ging um einen Wald auf einer Insel im größten See Bayerns, dem Chiemsee. Die Insel gehörte einem Holzfäller, der gerade dabei war, den ganzen Wald abzuholzen. Das gefiel der Bevölkerung gar nicht, und so schrieb jemand dem König einen Brief mit der Bitte, etwas dagegen zu unternehmen.

Schon als Kind hatte Ludwig die Natur geliebt. Er nahm die Bitte deshalb sehr ernst und kaufte dem Holzfäller die Insel kurzentschlossen ab. Nun überlegte Ludwig, was er mit der Insel anfangen könnte. Schnell kam ihm die passende Idee. Er war schon eine ganze Weile auf der Suche nach einem geeigneten Platz, um noch ein Schloss bauen zu können. Nun hatte er ihn gefunden: auf seiner Insel im Chiemsee.

Ludwig beschäftigte sich zu dieser Zeit viel mit der Geschichte der französischen Könige, ihren Schlössern und ihrer Kunst. Besonders angetan hatte es ihm Ludwig XIV.[♔] Der war ein mächtiger Herrscher gewesen und schon seit rund einhundertsechzig Jahren tot. Ganz fasziniert war der bayerische König von dem prunkvollen Schloss, das

[♔] sprich: der Vierzehnte

Ludwig XIV.[♔] nahe der französischen Hauptstadt Paris hatte erbauen lassen, in dem kleinen Ort Versailles[♔♔]. So sollte sein neues Schloss auch aussehen. Allerdings wollte Ludwig das Schloss gar nicht für sich. Es sollte ein Denkmal für den französischen König werden, den er so bewunderte.

Kann man sich das vorstellen? Ein ganzes Schloss, nur zu Ehren Ludwigs XIV.[♔♔♔], der schon so lange tot war? Was würdest du tun, wenn du dich an jemanden erinnern wolltest, den du verehrst, eine Sängerin zum Beispiel? Du würdest wahrscheinlich ein Poster von ihr aufhängen oder ihre neueste CD kaufen. Ludwig jedoch wollte sich nicht damit zufrieden geben, einfach ein Porträt des französischen Königs zu besitzen. Er baute ihm ein prunkvolles Schloss – Schloss Herrenchiemsee.

Ludwig konnte es kaum erwarten, dass das Schloss fertig wurde. Manchmal arbeiteten deshalb bis zu dreihundert Personen gleichzeitig auf der Baustelle. Oft sogar nachts. Damals gab es aber noch keine elektrischen Lampen, die für die nötige Helligkeit gesorgt hätten. Man behalf sich stattdessen mit Fackeln.

Wenn Ludwig die Baustelle besuchte, wurde er in einem Waggon, den eine kleine Lokomotive zog, auf der Insel herumgefahren. Es

[♔] sprich: der Vierzehnte [♔♔] sprich: Wärßai [♔♔♔] sprich: des Vierzehnten wurde ja nicht nur ein Schloss gebaut, sondern auch ein riesiger Park angelegt, mit künstlichen Seen und Springbrunnen. Das wollte Ludwig selbstverständlich alles sehen. Damit er einen Eindruck davon bekam, wie der Garten einmal aussehen würde, wurden große Gitter aufgestellt, an denen grüne Zweige befestigt waren. Die richtigen Bäume und Sträucher mussten ja erst einmal wachsen, und das brauchte seine Zeit, egal ob der König meinte, es müsse schneller gehen. Die Nachbildungen sorgten dafür, dass sich Ludwig seinen Garten besser vorstellen konnte.

Auch die Räume im Schloss wurden ganz nach dem Vorbild von Versailles eingerichtet. Der schönste davon war die Spiegelgalerie – ein langer Saal voller Spiegel, sodass man dachte, er hört nie auf. Die Spiegelgalerie war mit fast einhundert Metern Länge sogar noch länger als das Original. Fast zweitausend Kerzen brachten sie zum Strahlen. Auch diese Kerzen spiegelten sich vieltausendfach wider. Wenn Ludwig die Galerie hell erleuchtet sehen wollte, mussten alle Kerzen innerhalb von fünfzehn Minuten angezündet werden. Damals war das Feuerzeug, so wie wir es heute kennen, noch nicht erfunden. Die Kerzen wurden mit Streichhölzern angezündet. Kannst du dir vorstellen, wie viele Leute da helfen mussten, um in so kurzer Zeit alle Kerzen zum Brennen zu bringen?

Ein besonderer Raum war auch das Paradeschlafzimmer. Darin stand ein riesiges goldenes Bett. Zu Zeiten von Ludwig XIV.[♔] war es in Paris nämlich üblich gewesen, dass der König die erste und die letzte Audienz des Tages von seinem Bett aus gab. Eine Audienz war die Erlaubnis, den König besuchen und mit ihm sprechen zu dürfen. Der französische König saß also nicht am Schreibtisch und nicht auf seinem Thron, wenn er Leute empfing, er lag im Bett!

Da König Ludwig Schloss Herrenchiemsee ja nicht für sich, sondern zu Ehren des französischen Königs bauen ließ, gab es dort nicht ein einziges Bild von ihm selbst oder von seiner Familie. Alle Gemälde waren Kopien der Originale in Versailles. Einer der beauftragten Maler wollte Ludwig allerdings eine Freude machen und tauschte beim Kopieren einfach den Kopf aus der Vorlage gegen den des Königs aus. Das war keine gute Idee, wie sich herausstellte. Ludwig war hochverärgert, und das Bild musste sofort wieder übermalt werden.

Im Schloss gibt es heute noch einige sehr wertvolle Gegenstände zu sehen, zum Beispiel einen Schreibtisch mit Geheimfächern. Auch

[♔] sprich: dem Vierzehnten

er ist eine Kopie aus Frankreich. Er wurde aus den teuersten Hölzern gefertigt und hat einen Wert von einer Million Euro. Für eine Million Euro kann man heute zwei ganze Häuser bauen. Ludwig aber gab diese Summe für ein einziges Möbelstück aus.

Im Speisezimmer, wo es auch ein Tischlein-Deck-Dich gibt wie schon in Schloss Linderhof, hängt ein riesiger, reich verzierter Lüster. Ein Lüster ist eine Deckenlampe mit ganz vielen Kerzen. Diesen Lüster ließ Ludwig neu entwerfen, er ist also nicht aus Versailles kopiert. Nachdem die Arbeit daran vollendet war, ließ der König alle Pläne vernichten, sodass niemand seinen Lüster nachbauen konnte. Kein Experte kann genau sagen, was dieses einzigartige Stück heute wert ist.

Einige wenige Zimmer ließ Ludwig dann doch für sich selbst bauen. Für sein Privatschlafzimmer überlegte er sich etwas Besonderes: Vor seinem Bett ließ er auf einem goldenen Ständer eine blaue Kugel aufstellen. Sie sollte den Mond darstellen, passend zu dem Sternenhimmel über dem Bett. Diese Kugel sollte den Raum beleuchten, aber nicht irgendwie. Sie sollte in einem ganz bestimmten Blau erstrahlen. Eineinhalb Jahre dauerte es, bis der Farbton endlich so war, wie Ludwig ihn sich vorgestellt hatte.

Ludwig hatte im Schloss auch ein Badezimmer mit einer Badewanne. Diese Badewanne war jedoch eher ein Schwimmbecken. Es passten nämlich sechzigtausend Liter Wasser hinein. Das ist hundertfünfzigmal so viel, wie eine große normale Badewanne fassen kann. Ludwig konnte also richtig darin schwimmen oder tauchen. Das Wasser kam direkt aus dem See und wurde mithilfe eines Ofens beheizt.

Leider konnte Ludwig seinen Traum vom bayerischen Versailles nicht ganz zu Ende träumen. Er hatte kein Geld mehr, und so konnte er nicht weiterbauen. Deshalb sind die meisten Zimmer im Schloss auch heute noch nicht fertig. Es gibt darin keine Böden, keine Tapeten, keine Möbel, nichts.

Ist der König verrückt geworden?

Hat schon einmal jemand zu dir gesagt: „Du bist verrückt!“? Diesen Satz bekommt man manchmal zu hören, wenn man etwas Ungewöhnliches sagt oder tut. Verrückt sein, das ist aber auch eine Krankheit – eine sehr schlimme Krankheit. Eine Krankheit, die man nicht sieht.

Wenn jemand ein gebrochenes Bein hat, dann sieht man das, weil er einen Gips trägt. Wenn aber jemand verrückt ist, dann sitzt die Krankheit in seinem Kopf. Er kann nicht mehr richtig denken, er redet wirres Zeug oder benimmt sich merkwürdig. Ludwig war angeblich auch verrückt. Zumindest behaupteten das einige Ärzte. Doch in Wahrheit steckte dahinter etwas ganz anderes.

Unter Ludwigs Ministern wie auch in seiner Familie gab es Personen, die der Meinung waren, Ludwig schade dem Land. Sie fanden, der König kümmere sich zu wenig um Bayern und gebe zu viel Geld für unnütze Bauwerke aus. Ja, das Geld für die Schlösser, das war das Hauptproblem. Ludwig hatte riesige Schulden gemacht. Da er sich weigerte zu sparen, verschworen sich diese Leute dazu, ihn als König abzusetzen.

Aber so einfach ging das nicht. Entweder ein König erklärte von sich aus, dass er seine Krone und die Regierungsgeschäfte an einen Nachfolger übergab – das nannte man „Abdankung“ –, oder er regierte, bis er starb. Sonst gab es eigentlich keinen Grund, weshalb ein König nicht mehr König sein sollte. Außer einem: Er wurde für verrückt erklärt – denn ein Verrückter konnte unmöglich ein Land regieren.

Um jemanden für verrückt erklären zu können, brauchte man eine Bestätigung von einem Arzt. Und die beschafften sich die Verschwörer. Sie wurde sogar von mehreren Ärzten unterschrieben. Doch keiner von denen hatte Ludwig zuvor untersucht. Anstatt mit ihm selbst zu sprechen, hatten sich die Ärzte nur mit Leuten unterhalten, die sich schon einmal sehr über den König geärgert hatten und deshalb nichts Gutes über sein Verhalten berichten mochten. Sie erzählten den Ärzten die schlimmsten Dinge über ihn. So war es kein Wunder, dass Ludwigs Gegner ihr Ziel erreichten: Ludwig wurde für verrückt erklärt und sein Onkel Luitpold übernahm als Prinzregent die Regierung.

Ludwig selbst ahnte von alldem noch gar nichts. Er weilte nicht in München, sondern hielt sich wie so oft in Neuschwanstein auf. Dorthin wurde ihm die unheilvolle Nachricht nun überbracht. Sie traf ihn wie ein gewaltiger Schlag. Plötzlich war er nicht mehr König, und nicht nur seine vertrauten Berater, sondern auch seine Familie hatte sich gegen ihn gestellt. Ludwig war verzweifelt.

Das Schlimmste für ihn war jedoch nicht, dass man ihn einfach abgesetzt hatte. Nicht mehr König zu sein, das konnte er vielleicht noch verschmerzen. Dass man ihn aber dazu für verrückt erklärt hatte und fortan wie einen Kranken behandeln würde, der nicht fähig war, über sein Leben selbst zu bestimmen, das erschien ihm unerträglich. Der Gedanke, nun nicht mehr frei zu sein, machte ihm sehr große Angst.

Der See wahrt sein Geheimnis

Ludwig durfte nicht mehr länger in Neuschwanstein bleiben. Die Ärzte meinten nämlich, er müsse sofort unter Aufsicht gestellt werden. Vor allem müsse man aufpassen, dass er nicht die Flucht ergriff. Das jedoch war ihnen in Neuschwanstein unmöglich – in dieser riesigen Burg, wo sich Ludwig besser auskannte als jeder andere. Die Ärzte ordneten deshalb an, dass Ludwig nach Schloss Berg am Starnberger See gebracht werden sollte.

Unsicher, was weiter mit ihm passieren würde, fügte sich Ludwig und bestieg die bereitstehende Kutsche. Immerhin war er gerne in Schloss Berg. Als er aber dort ankam und das Schloss betrat, traute er seinen Augen kaum. Man hatte in allen Räumen Sicherheitsvorrichtungen eingebaut: Vor den Fenstern waren Gitter angebracht, und in die Türen hatte man Löcher gebohrt, damit man Ludwig bei allem, was er tat, beobachten konnte. Er war ein Gefangener in seinem eigenen Schloss!

Da Ludwig von der weiten Reise sehr müde war, legte er sich gleich nach dem Mittagessen schlafen. Vielleicht sah die Welt danach auch schon ganz anders aus und alles wäre nicht mehr so schlimm. Als er jedoch um Mitternacht erwachte und aufstehen wollte, konnte er seine Kleider nicht mehr finden. Man hatte sie ihm weggenommen, damit er das Schloss nicht verließ.

Am darauffolgenden Vormittag bekam Ludwig die Erlaubnis, einen Spaziergang durch den Schlosspark zu machen. Dr. Bernhard von Gudden – das war einer der Ärzte – und zwei Wächter begleiteten ihn. Ludwig bat Dr. v. Gudden, auch am Abend noch einmal einen Spaziergang machen zu dürfen. Das wurde ihm gewährt und so gingen Dr. v. Gudden und Ludwig gegen neunzehn Uhr noch einmal in den Park. Nach ein paar Schritten gab der Arzt die Anweisung, dass ihnen diesmal niemand folgen sollte, und so kehrten die beiden Wächter zum Schloss zurück. Als Ludwig und Dr. v. Gudden eine Stunde später noch nicht zurück waren, begann man, sich Sorgen zu machen.

So lange hatten sie doch gar nicht wegbleiben wollen. Wo waren sie nur? Es wurde ja schon dunkel.

Diener und Wächter machten sich auf, den Park nach ihnen zu durchsuchen. Erst nach zwei Stunden fand man die beiden. Sie waren nicht mehr am Leben. Der einstige König Ludwig II.[♔] von Bayern lag tot im flachen Uferwasser des Starnberger Sees. In seiner Nähe wurde auch Dr. v. Guddens Körper gefunden.

Niemand konnte sich erklären, was da geschehen war. Noch heute rätseln die Menschen darüber. Die einen behaupten, der unglückliche Ludwig habe sich das Leben nehmen wollen, die anderen glauben, er wollte fliehen und es kam deshalb zu einem tödlichen Kampf. Wieder andere sagen, jemand habe auf den König geschossen. Wahrscheinlich wird man nie erfahren, was damals, am 13. Juni 1886, im Park von Schloss Berg am Starnberger See wirklich passiert ist.

Mit Ludwig II.[♔♔] hatte Bayern einen der beliebtesten Könige aller Zeiten und Länder verloren. Gerade deshalb lebt er bis heute im Herzen seines Volkes weiter. Und natürlich in seinen Schlössern, denn jeder, der Linderhof, Neuschwanstein oder Herrenchiemsee besucht, wird von einem Gefühl ergriffen, als wäre Ludwig noch da.

[♔] sprich: der Zweite [♔♔] sprich: dem Zweiten

Das König-Ludwig-Kreuzworträtsel

König Ludwig II. von Bayern war eine so außergewöhnliche Persönlichkeit, dass sich die Leute damals einen besonderen Beinamen für ihn ausdachten. Diese Bezeichnung benutzt man noch heute. Willst du wissen, wie sie lautet? Dann beantworte die folgenden Fragen und trage die Lösungen in die entsprechenden Zeilen im Rätselgitter ein – jeden Buchstaben in ein eigenes Kästchen; ä, ö, ü sind hier erlaubt. Wenn eine Antwort aus zwei Worten besteht, lass kein Kästchen frei, sondern schreibe gleich weiter.

Wenn du alles gelöst hast, bilden die Buchstaben in den roten Kästchen von oben nach unten gelesen das Lösungswort.

1. Was hat sich Ludwig in die Linde in Linderhof bauen lassen?
2. Wie spricht man einen König an?
3. Welches Schloss war Vorbild für Herrenchiemsee?
4. In welchem Schloss fehlt im Thronsaal der Thron?
5. Mit wem war Ludwig verlobt?
6. Von welchem Land war Ludwig König?
7. An welchem See liegen die Schlösser Berg und Possenhofen?
8. Welchen Beruf hatte Richard Wagner?

9. In welchem Land war Sisi Kaiserin?
10. Auf welcher Insel haben sich Ludwig und Sisi manchmal getroffen?
11. Wie hieß Ludwigs Vater?
12. In welchem Monat hatte Ludwig Geburtstag?

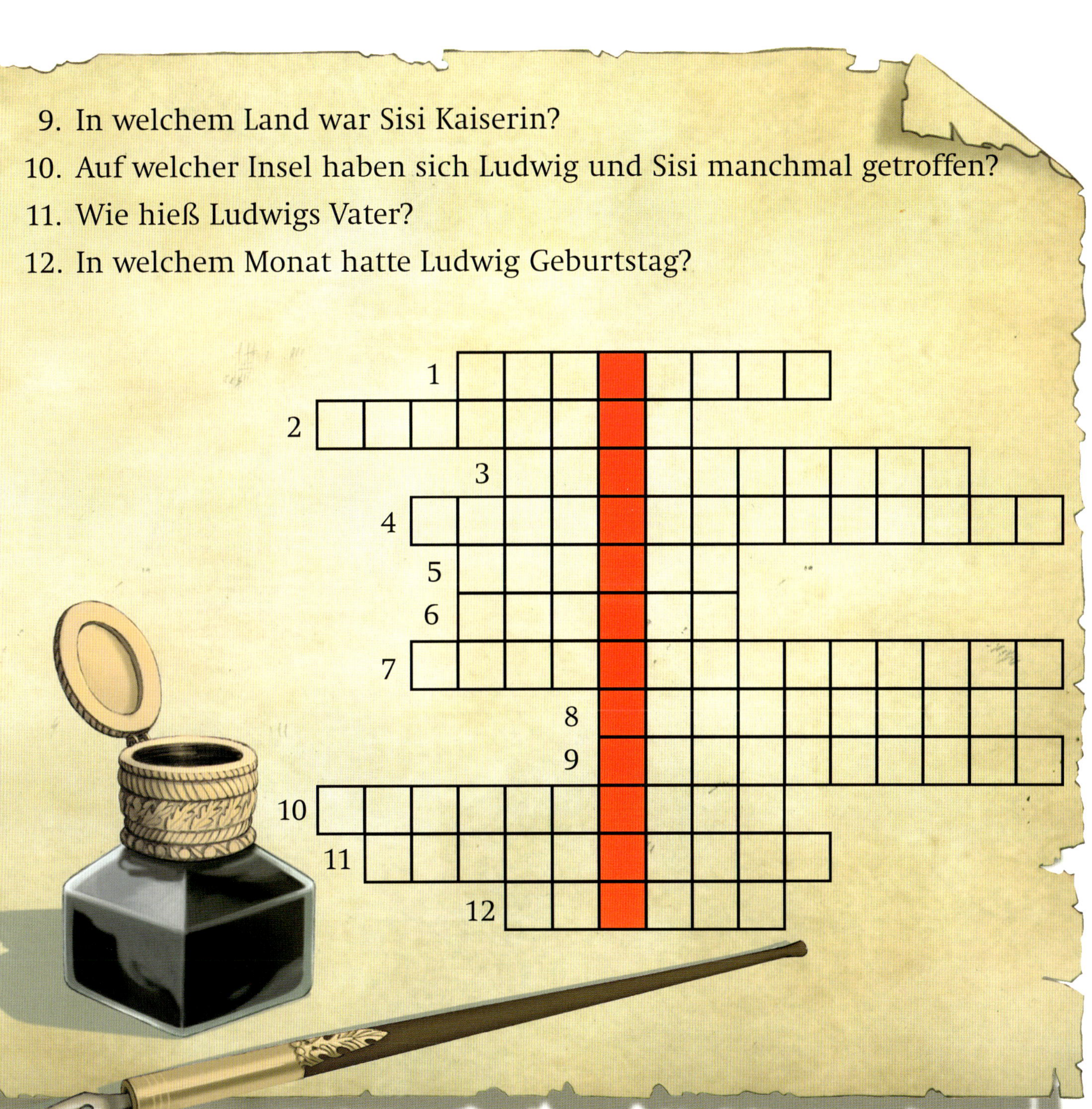

Die Ahnentafel

Eine Ahnentafel ist eine Übersicht über die Vorfahren einer Person. Schau dir mal die Ahnentafel von Ludwig an. Sein Name steht ganz unten in der Mitte. Weiter oben links steht der Name seines Vaters, rechts daneben der seiner Mutter. Darüber findest du Ludwigs Großeltern. In der Reihe ganz oben stehen die Namen seiner Urgroßeltern, also der Eltern von Oma und Opa.

Unter jedem Namen kannst du lesen, wann und wie lange die einzelnen Familienmitglieder gelebt haben. Das Datum hinter dem Sternsymbol nennt den Tag der Geburt, und das Datum, vor dem das Kreuzsymbol steht, gibt den Todestag an. Auch die Eheschließungen sind vermerkt. Die Hochzeitsdaten werden durch das Symbol zweier ineinander verschlungener Ringe gekennzeichnet.

Ahnentafeln brauchte man früher oft. Manchmal musste man nämlich zeigen können, mit welchen bedeutenden Persönlichkeiten man verwandt war. Ludwig von Bayern konnte gleich vier Könige unter seinen Vorfahren vorweisen. Schau mal ganz links, da findest du drei von ihnen: ganz oben seinen Uropa Maximilian I.[♔], dann seinen Opa Ludwig I.[♔♔], und schließlich seinen Vater Maximilian II.[♔♔♔] Auch

[♔] sprich: den Ersten [♔♔] sprich: den Ersten [♔♔♔] sprich: den Zweiten

seine Mama, Marie von Preußen, hatte einen König in der Familie. Kannst du ihn entdecken?

Bestimmt fragst du dich schon, weshalb die Namen der Könige mit Ordnungszahlen in römischen Ziffern versehen sind. Nun, das kommt daher, dass es in den Familien des hohen Adels früher üblich war, die Söhne nach dem Vater oder Großvater zu benennen. So kam es häufig vor, dass ein neuer Herrscher denselben Namen wie sein Vorgänger trug. Damit man sie auseinanderhalten konnte, wurden sie einfach durchnummeriert. Man sagte zum Beispiel: Wilhelm der Erste, Maximilian der Zweite oder Ludwig der Vierzehnte. Auf diese Weise war immer klar, wer gemeint war. Da die Namen dadurch aber auch sehr lang wurden, benutzte man beim Schreiben die römischen Ziffern.

Kennst du die römischen Zahlen von Eins bis Zwanzig? Sie werden nach einem bestimmten System aus den Buchstaben I, V, und X gebildet: I = 1, II = 2, III = 3, IV = 4, V = 5, VI = 6, VII = 7, VIII = 8, IX = 9, X = 10, XI = 11, XII = 12, XIII = 13, XIV = 14, XV = 15, XVI = 16, XVII = 17, XVIII = 18, XIX = 19, XX = 20. Mit einem Punkt dahinter wird daraus die entsprechende Ordnungszahl: der Erste, der Zweite, der Dritte und so weiter.

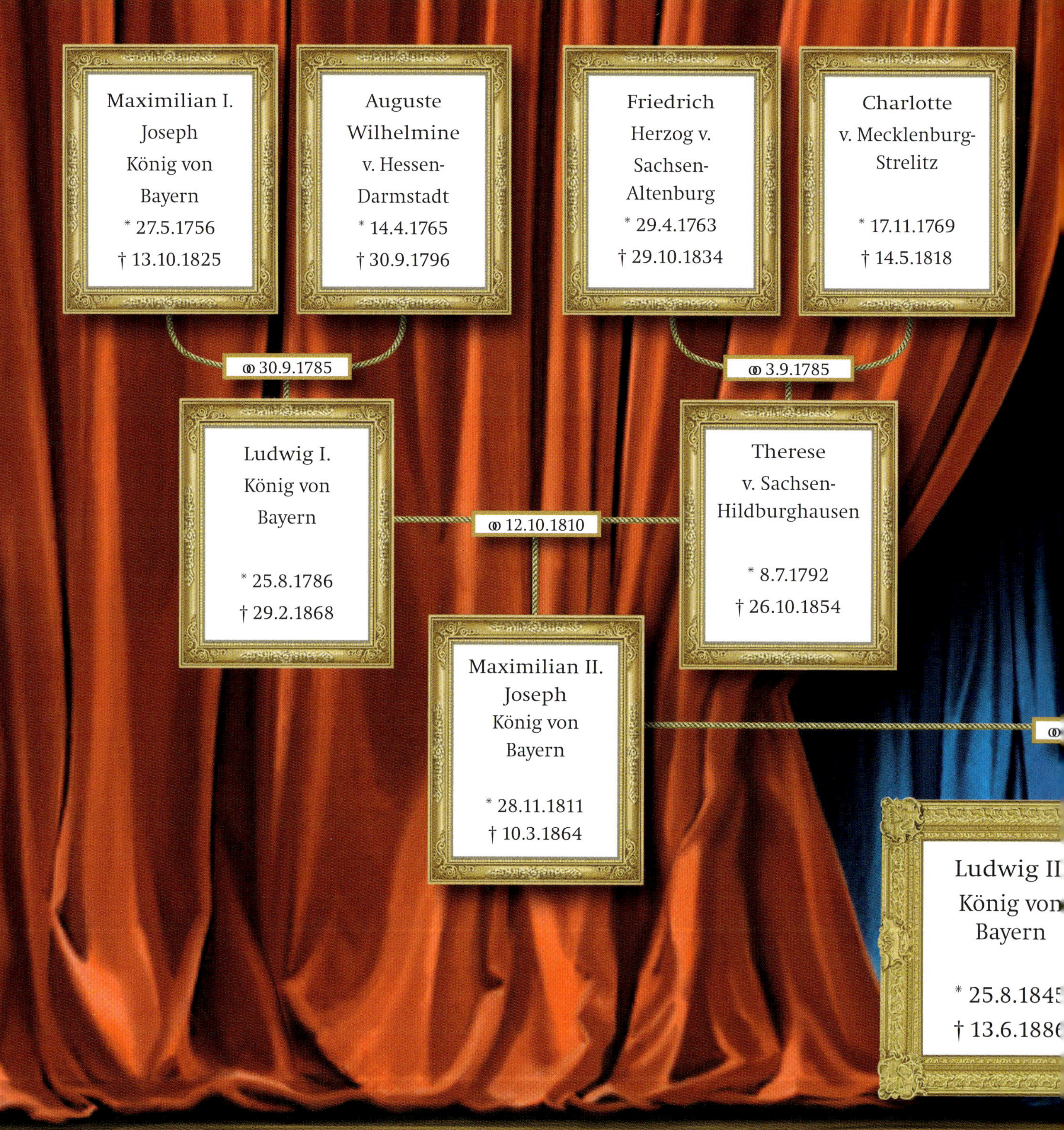

Maximilian I. Joseph König von Bayern
* 27.5.1756
† 13.10.1825
Auguste Wilhelmine v. Hessen-Darmstadt
* 14.4.1765
† 30.9.1796
Friedrich Herzog v. Sachsen-Altenburg
* 29.4.1763
† 29.10.1834
Charlotte v. Mecklenburg-Strelitz
* 17.11.1769
† 14.5.1818
⚭ 30.9.1785
⚭ 3.9.1785
Ludwig I. König von Bayern
* 25.8.1786
† 29.2.1868
⚭ 12.10.1810
Therese v. Sachsen-Hildburghausen
* 8.7.1792
† 26.10.1854
Maximilian II. Joseph König von Bayern
* 28.11.1811
† 10.3.1864

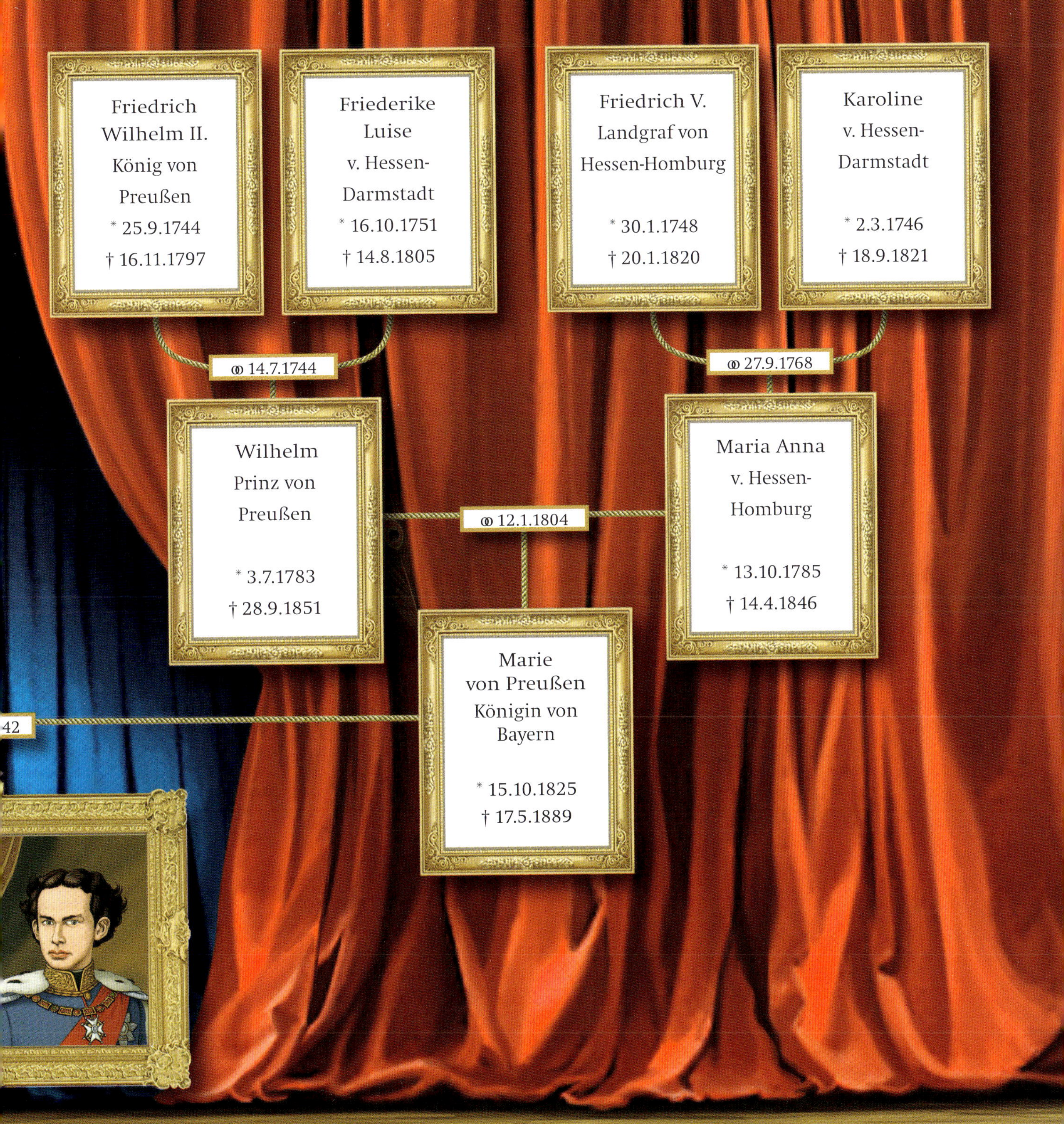
Friedrich Wilhelm II. König von Preußen
* 25.9.1744
† 16.11.1797
Friederike Luise v. Hessen-Darmstadt
* 16.10.1751
† 14.8.1805
Friedrich V. Landgraf von Hessen-Homburg
* 30.1.1748
† 20.1.1820
Karoline v. Hessen-Darmstadt
* 2.3.1746
† 18.9.1821
⚭ 14.7.1744
⚭ 27.9.1768
Wilhelm Prinz von Preußen
* 3.7.1783
† 28.9.1851
⚭ 12.1.1804
Maria Anna v. Hessen-Homburg
* 13.10.1785
† 14.4.1846
Marie von Preußen Königin von Bayern
* 15.10.1825
† 17.5.1889
42

Die Ahnentafel auf der folgenden Seite ist noch leer, denn sie ist für dich. Sie darfst du nun selbst ausfüllen. Ganz unten in die Mitte kommen dein Name und dein Geburtsdatum, links darüber der Name und das Geburtsdatum deines Papas, rechts daneben deiner Mama. Darüber jeweils die Angaben zu Eltern und Großeltern von Mama und Papa. Zu jedem Ehepaar trägst du die Hochzeitsdaten ein. Bei den Personen, die nicht mehr leben, muss zum Namen auch der Todestag dazu. Am besten lässt du dir von deinen Eltern dabei helfen. Sie können dir die Namen und Lebensdaten deiner Verwandten sagen. Und aufgepasst: Genau wie die Frauen in Ludwigs Ahnentafel hatten wahrscheinlich auch die weiblichen Mitglieder deiner Familie vor der Eheschließung einen anderen Nachnamen, ihren sogenannten Mädchennamen.

Hier noch einmal die Symbole, die du für die Kennzeichnung der verschiedenen Daten brauchst:

- * Der Stern steht für „geboren am“.
- † Das Kreuz steht für „verstorben am“.
- ⚭ Die beiden ineinander verschlungenen Ringe stellen Eheringe dar und sind das Symbol für den Hochzeitstag.

Dein
Bild

Das König-Ludwig-Spiel

Ludwig ist gerade in Linderhof angekommen. Er war schon lange nicht mehr da und möchte sehen, ob alles in Ordnung ist. Der König macht eine Runde durch den Schlosspark. Sein Weg führt ihn vom Marokkanischen Haus, vorbei an der alten Linde und der großen Wasserfontäne, zunächst zum Schloss und dann weiter zur Grotte und dem Maurischen Kiosk.

Zur Spielvorbereitung: Holt euch aus eurer Spielesammlung Spielfiguren in unterschiedlichen Farben – für jeden Mitspieler eine – und einen Würfel. Stellt die Spielfiguren auf das Bild mit dem Marokkanischen Haus, dort ist der Start.

Die Spielregeln: Es wird reihum gewürfelt, jeder Mitspieler hat pro Runde einen Wurf, der jüngste beginnt. Nach jedem Wurf darf die betreffende Spielfigur um so viele Felder vorgerückt werden, wie der Würfel Augen zeigt.

Wenn der Zug der Figur dabei genau auf einem weißen Feld bei einem Bild endet, darf sie gleich noch einmal um zwei Felder vorgerückt werden. Trifft ein Spieler mit einem Zug seiner Figur genau auf ein Feld mit einer Ziffer (1-6), so muss er die zugehörige

Anweisung befolgen. Was dann zu tun ist, könnt ihr unten nachlesen.

Gewinner des Spiels ist, wer zuerst am Maurischen Kiosk ankommt.

1 Vom Marokkanischen Haus zur alten Linde fährt Ludwig in seiner Kutsche. Das geht viel schneller. Du darfst drei Felder vorrücken.
2 Von der Linde zur Fontäne ist es nur ein kurzer Weg. Du darfst zwei Felder vorrücken.
3 Irgendetwas stimmt mit der Fontäne nicht. Das Wasser spritzt in alle Richtungen und der König wird nass. Er setzt sich erst einmal in die Sonne, um seine Kleider zu trocknen. Du musst zweimal aussetzen.
4 Ludwigs Diener haben für ihn im Schloss einen Kaffee zubereitet. Der König beeilt sich, damit der Kaffee nicht kalt wird. Du darfst zwei Felder vorrücken.
5 Vom Schloss zur Grotte ist der Weg sehr steil. Der König macht eine Pause. Du musst einmal aussetzen.
6 Ludwig möchte in der Grotte mit dem Kahn fahren, der ist aber gerade zur Reparatur. Deshalb musst du einmal aussetzen.

Als weiterer Band dieser Reihe erschien im Morstadt Verlag:

Nadine Strauß
Sisi
Die Geschichte einer echten Prinzessin

84 Seiten, fadengeheftet, fester Einband mit Glanzfolienkaschierung. Mit 16 z. T. doppelseitigen Suchbild-Illustrationen von Yannick Lefrançois, Rezepten für ein kaiserliches Frühstück, Kreuzworträtsel und beigefügtem Spielplan.
16,90 Euro [D]/17,40 Euro [A]
ISBN 978-3-88571-367-8

Warum Prinzessinnen erfinden, wenn es doch echte gibt?! – Das dachte Nadine Strauß und erzählt nun in diesem Buch die Geschichte der bayerischen Prinzessin Sisi, die eigentlich Elisabeth von Wittelsbach hieß und deren ungewöhnliches Leben als Kaiserin von Österreich bis heute Menschen in aller Welt fasziniert.

Prinzessin Sisi ist ein fröhliches Mädchen, als sie im Alter von erst 16 Jahren die Gemahlin des österreichischen Kaisers Franz Joseph wird. Die beiden sind sehr verliebt, und das Volk verehrt die junge, liebreizende Kaiserin. Schon bald gilt Sisi als die schönste Frau ihrer Zeit. Viele junge Mädchen wären gerne so wie sie. Doch Sisi ist nicht glücklich. Der große Hofstaat mit seinen strengen Regeln macht ihr Angst und engt sie ein. Sie fühlt sich wie ein Vogel in einem goldenen Käfig. Da entdeckt Sisi eines Tages ihre Lust am Reisen. Ein ruheloses Leben auf der Suche nach Freiheit beginnt ...

Nadine Strauß möchte kleine und größere Leser nicht nur für die Beschäftigung mit einer historischen Person begeistern, sondern auch abwechslungsreich unterhalten. Wer beim Lesen gut aufpasst, kann das Kreuzworträtsel am Ende des Buches mühelos lösen. Für Spannung zwischendurch sorgen die liebevoll und detailreich gestalteten Illustrationen, in denen es jeweils ein kleines Suchobjekt zu entdecken gibt. Ein kaiserliches Frühstück lässt sich mit den Rezepten für Gugelhupf und Kaiserschmarrn erleben, und der beiliegende Spielplan lädt zu einer lustigen Reise zu Sisis Schlössern ein.

Für neugierige Leser von 6 bis 96.